LA
LIGUE DE L'ENSEIGNEMENT

SIÈGE SOCIAL:

14, Rue Jean-Jacques Rousseau, PARIS

Portrait et Biographie de Jean Macé

« Pour la Patrie,
Par le livre,
Par l'épée. »

60 centimes

PARIS

Librairie de la **FRANCE SCOLAIRE**

17, Rue Guénégaud, 17

1896

LA
LIGUE DE L'ENSEIGNEMENT

LA
LIGUE de L'ENSEIGNEMENT

SIÈGE SOCIAL:
14, Rue J.-J Rousseau, Paris

—

Portrait et Biographie de Jean Macé

—

« Pour la Patrie,
Par le livre,
Par l'épée. »

60 centimes

PARIS
Librairie de la *FRANCE SCOLAIRE*
17, Rue Guénégaud, 17

—

1895

JEAN MACÉ

JEAN MACÉ

(1815-1894)

Les grandes figures qui apparaissent dans l'histoire d'un pays sont la conséquence des événements auxquels elles sont intimement liées ; elles surgissent aux époques de tourmentes, juste au moment où leur nécessité s'impose, comme pilotes d'une cause qui, sans leur intervention, voguerait à l'aventure, sans but précis, et finirait par sombrer sur des écueils, — ou, épave flottante, par constituer un danger constant contre la sécurité de la marche des autres causes.

Jean Macé, qui fut une des plus grandes figures de ce siècle, n'est pas une exception : nous le devons au suffrage universel.

Il naquit à Paris, le 22 avril 1815, au numéro 16 de la rue du Jour, non loin de la rue Jean-Jacques-Rousseau, où plus tard il devait fixer le siège social de la Ligue de l'Enseignement.

Sa famille n'était pas riche : pour subvenir aux besoins des siens, son père, normand d'origine, et complètement illettré, conduisait une voiture de roulage sur la route de Paris à Bordeaux ; le seul héritage qu'il laissa à son fils fut une grande vigueur physique, l'amour du travail, un extrême bon sens et une volonté de fer.

Ces qualités physiques et morales, auxquelles s'ajoutait l'esprit évangélique qu'il tenait de sa mère, Jean Macé les conserva jusqu'à sa mort.

En 1825, il obtint une bourse au collège Stanislas, où il resta jusqu'en 1835. Il y eut John Lemoine pour condisciple. Ses études furent couronnées par un prix de philosophie, qui lui valut un modeste emploi, résigné bientôt pour entreprendre un voyage en Allemagne. Il se rendit à pied jusqu'à Hambourg, mais là, se trouvant, à bout de ressources, et désirant ardemment rentrer en France, il s'embarqua sur un voilier en partance pour le Havre, sous condition d'acquitter le prix du passage en aidant les matelots aux plus pénibles travaux du bord.

Rentré à Paris, il trouva au collège Stanislas un emploi de répétiteur qu'il conserva jusqu'à l'âge de la conscription. Le sort lui ayant amené un mauvais numéro, il fut incorporé à Rouen au 1er régiment d'infanterie légère où il devint caporal d'habillement. Au bout de trois années, un de ses anciens professeurs, Théodore Burette, le libéra du service en lui payant un remplaçant, et le prit comme secrétaire. C'est à cette époque qu'il commença à publier à la *Revue des Deux-Monde* et à la *République*, une série d'articles et d'études qui furent très remarqués.

La révolution de 1848 le secoua violemment et lui ouvrit un monde où il se jeta avec toute l'ardeur de la jeunesse. Une brochure, *Lettres d'un garde national à son voisin*, signée Jean Moreau, l'obligea à se cacher quelque temps, après le 13 juin 1849. C'est à ce moment qu'il épousa une femme de modeste condition, qui fut pour lui jusqu'à la mort, la compagne la plus vertueuse et la plus dévouée.

Dès les jours de février, il ne s'était pas senti rassuré : « La proclamation du suffrage universel, disait-il, m'avait fait froid dans le dos. » Les événements venaient de lui donner raison. Il sentait que le peuple, complétement ignorant, n'était pas en état d'exercer ses droits souverains et que, au contraire, sa puissance serait un danger. Il s'agissait donc de l'éclairer ; c'est à cela qu'il résolut de consacrer sa vie et son savoir, dès que les circonstances le lui permettraient.

Sa vint le coup d'État du 2 décembre. Jean Macé, qui était signalé comme dangereux, se réfugia dans un village d'Alsace chez des amis politiques, qui l'accueillirent affectueusement.

Il y avait alors, à Beblenheim, un pensionnat

de jeunes filles connu sous le nom de Petit-Château. La directrice de cette institution, Mᵐᵉ Vernet, offrit à l'exilé un poste de professeur, ainsi qu'un pavillon où il s'installa avec sa femme.

C'est là que, pendant dix années, dans le calme de la retraite, il écrivit ces beaux ouvrages, dont plusieurs sont de véritables chefs-d'œuvre : *L'Histoire d'une bouchée de pain*, les *Contes du Petit-Château*, la *Grammaire de Mᵐᵉ Lili*, les *Serviteurs de l'estomac*, une *Morale en action*, etc. Avec Hetzel, il fonda le magasin d'éducation et de récréation de la jeunesse.

Ce fut en 1866 qu'il put enfin se donner au rêve qu'il caressait depuis longtemps : l'instruction du peuple, seule condition de salut. Le 25 octobre de cette année, il posa la première pierre de la Ligue de l'Enseignement en lançant un appel au public dans le journal l'*Opinion Nationale*. Aussitôt les encouragements affluèrent et la Ligue fut fondée.

Survint la guerre de 1870. Le pensionnat du Petit-Château dut être transféré à Mouthiers, près de Château-Thierry. L'enseignement que l'on y donne aux jeunes filles tend surtout à en faire des femmes d'intérieur et de bonnes mères de famille ; la valeur de ce système est incontestable : des générations d'élèves ont été élevées au Petit-Château, aucune n'a mal tourné.

La guerre terminée tous les efforts de Jean Macé se portèrent au développement de la Ligue qu'il avait fondée ; les succès grandirent de jour en jour ; avec un homme tel que lui l'œuvre ne pouvait que prospérer.

En 1883 il fut élu sénateur inamovible. Par cette élection, le Sénat payait la dette de la République reconnaissante. Mais la politique ne le changea pas, il resta ce qu'il avait été : un grand éducateur et un grand patriote. Il continua à professer aux élèves du Petit-Château, qui fut définitivement installé à Chatou, près de Paris, par Mᵐᵉˢ Anna Bentz et Théodora Bord, collaboratrices et héritières de Jean Macé ; le Petit-Château y existe encore aujourd'hui, et on y continue le programme inauguré à Beblenheim il y a cinquante-cinq ans.

Jean Macé est mort le jeudi 13 décembre 1894, à Mouthiers, près de Château-Thierry, où il s'était fixé ; il allait avoir 80 ans. Sa vigueur et sa constitution exceptionnelles ne faisaient pas prévoir un si proche dénouement. Il fut enterré simplement, le 15 décembre, entre sa femme et M⁰⁰ Vernet. dans le cimetière de ce petit village de l'Aisne où il avait vécu.

Nous lui devons bien sa statue, depuis l'année dernière une souscription est ouverte qui a déjà réuni des sommes très importantes ; dans un avenir prochain, ses traits seront fixés dans le bronze ou le marbre et s'élèveront en place publique, comme pour indiquer leur devoir aux éducateurs futurs.

On peut dire que Jean Macé a été le précurseur du mouvement éducateur actuel. Il a compris le premier qu'il ne suffit pas d'instruire un peuple, qu'il faut aussi lui faire connaître ses devoirs et ses droits ; il a compris qu'il y a autre chose que la science et le savoir, qu'il y a la société et la famille, et qu'il est nécessaire de faire, de tout individu, un homme et un citoyen : c'est pourquoi son œuvre est impérissable, et c'est pourquoi son souvenir nous restera, comme une des plus grandes figures de notre époque.

LÉON MOUGENOT.

LIGUE FRANÇAISE

DE

L'ENSEIGNEMENT

POUR LA PROPAGANDE DE
L'INSTRUCTION ET L'ÉDUCATION NATIONALES

I

UNE PAGE D'HISTOIRE

Parmi les travaux dont l'objet obtient les meilleures marques d'approbation et de sympathie, cette histoire des *Sociétés d'enseignement* entreprise par la *France Scolaire* depuis le mois de janvier 1895 a été distinguée d'une façon toute particulière. Ce premier résultat est un encouragement et indique un devoir ; il montre que de nouveaux efforts doivent être tentés pour mettre dans la lumière qui leur convient ces associations, toutes faites de belle intelligence et de sage initiative ; il engage et même oblige à mener jusqu'à la fin cette enquête dont l'instruction, l'éducation profiteront : nous l'espérons du moins, et ne nous souhaitons pas de plus haute récompense.

Avec la *Ligue de l'Enseignement*, ce n'est plus seulement l'historique de ces utiles et grandes sociétés que nous continuons ; c'est une page, une des pages les plus lumineuses d'un chapitre de l'Histoire de France, qui s'offre à nos méditations, et nous impose tout d'abord un recueillement profond et respectueux.

Cette page, essayons de l'écrire ici. Nous en raconterons ensuite les péripéties, depuis les origines de la Ligue jusqu'à nos jours.

Le second empire, la guerre de 1870 et la Commune furent les trois degrés de la chute du régime irrégulier et désordonné sorti de la Révolution française, dont le large esprit de réforme eût nié un pareil enfantement. L'empire fut la consomption lente de cette société trop vite grandie, trop tôt libérée, énorme d'espérances, gonflée de promesses, mais sans but précis, sans union, et faible de nature et de caractère ; la guerre, déclarée sous un futile prétexte, fut la lutte suprême entre la vie et la mort se disputant cette génération condamnée ; la Commune fut l'écrasement brutal, le choc final foudroyant pêle-mêle les moribonds d'un siècle éphémère et l'avant-garde des temps nouveaux.

Un monde venait de mourir. Un autre, beaucoup plus vieux que la Révolution même, et qui se nommait le Peuple, allait reprendre son existence propre, interrompue par une période de ruines et de désastres, son existence de travail, de probité, de croyance et de force. C'était ce peuple-là qui, malgré les divisions régnantes dont il subissait l'opression, avait produit déjà d'innombrables inventions, des chefs-d'œuvre d'art et d'industrie. Bien avant la guerre, des hommes qui le comprenaient et qui l'aimaient s'étaient efforcés de l'éclairer sur sa prochaine destinée, de l'y conduire par les voies les moins périlleuses, de hâter cet avènement d'une société dont *le droit* avait grandi, siècle par siècle, avec le pays même. Dans l'art, dans la science, des noms s'inscrivaient, acclamés. Dans le débat social, le fameux Procès des Treize mettait en évidence les avocats populaires. Dans l'enseignement, Jean Macé et ses premiers collaborateurs édifiaient le véritable sanctuaire où plus tard un peuple entier viendrait acquérir le savoir des autres, et la connaissance de soi-même.

Les Guizot, les Duruy, les Ferry ont fondé la législation scolaire ; Jean Macé l'a vulgarisée. Cette puissante contribution, par des efforts rudes mais que le succès couronna, à l'établissement définitif de cet enseignement du peuple, telle est la part inaliénable acquise par la Ligue dans l'Histoire de France.

II

L'ESPRIT DE LA LIGUE

L'œuvre de la Ligue de l'Enseignement se dresse devant l'historien, comme un monument si haut et si grand, qu'il ne peut, avant d'en rechercher les origines, se défendre d'un sentiment d'admiration. A quelques pas du seuil, il s'arrête pour le contempler. Et dès lors chaque détail d'architecture, chaque saillie, chaque inscription retient son regard, conquiert sa pensée, alimente ses réflexions.

Des souvenirs s'évoquent, nombreux, familiers, qui font songer pourquoi le monument fut construit, de quelles causes profondes il est sorti, et quel rite puissant et beau doit être exercé derrière ces murs protecteurs.

« C'était dans les dernières années de l'Empire, a écrit Henri Martin (1). Jean Macé sentait baisser notre France. Il comprit que, pour la relever, il fallait un

---

(1) *Jean Macé et la Ligue de l'Enseignement,* par A. Dessoye, avec un Avis au lecteur, par Henri Martin, sénateur, membre de l'Académie française. — Paris, 1883.

grand effort collectif ; qu'il fallait régé-
nérer notre société par la base. L'Alsace,
sa terre d'adoption, le seconda avec ardeur : elle semblait pressentir le funeste
lendemain et chercher à préparer la loin-
taine réparation des calamités prochaines.

» Le mouvement se répandit de l'Alsace dans le reste de la France. L'Alsace
arrachée à la mère patrie, le mouvement,
loin de s'arrêter, prit une intensité nouvelle. L'indomptable espérance qui avait
soutenu Gambetta dans la défense armée,
la ligue de l'Enseignement la manifesta
dans son entreprise, différente par la
forme, semblable par l'esprit. Deux noms
ne seront jamais séparés par la reconnais-
sance publique, les noms de Jean Macé et
de son infatigable auxiliaire, Emmanuel
Vauchez. Près d'un million et demi de signatures obtenues par le pétitionnement de
la Ligue attesta la grandeur sympathique
de l'idée et la puissance d'organisation
déployée dans sa mise en œuvre. La Ligue,
en même temps qu'elle coopérait, sous
toutes les formes, au progrès de l'instruction, contribuait, de la manière la plus
efficace, à imprimer aux esprits l'impulsion qui devait aboutir à la législation
actuelle de l'enseignement primaire. Per-
sonne n'a rendu à Jean Macé une plus
éclatante justice que l'habile, le coura-
geux, le persévérant ministre à qui nous
devons cette législation.

» L'instruction obligatoire, gratuite et laïque, est aujourd'hui réalisée. La Ligue de l'Enseignement avait demandé d'abord l'obligation et la gratuité, ces deux principes inséparables. On l'avait combattue au nom d'une prétendue liberté, la liberté d'empêcher les enfants d'apprendre. La Ligue avait ensuite ajouté la laïcité. On l'a combattue au nom de la religion ; on l'a accusée de vouloir introniser l'athéisme dans l'enseignement !

» Laissons répondre Jean Macé : nul n'a jamais douté de sa parole.

» Laïcité, c'est neutralité qu'il fallait
» dire, à savoir : que les écoles seront
» placées en dehors de tout rite particu-
» lier, de toute doctrine confessionnelle ;
» c'est là ce qu'ont entendu les signatai-
» res de la pièce envoyée par le Cercle
» parisien dans toutes les communes de
» France ; ce qui ne veut pas dire que
» toute idée religieuse sera bannie des
» écoles et qu'on n'y parlera jamais aux
» enfants des grands principes qui doi-
» vent les guider dans la vie. C'est l'en-
» seignement confessionnel seulement
» qu'il s'agit de renvoyer à l'Église, l'en-
» seignement des dogmes et croyances
» spéciales, qui distinguent une religion
» de l'autre. Quant à ce fonds commun
» de religion universelle qui s'impose à
» tous et qu'élargit d'âge en âge le pro-
» grès de la conscience humaine, il ne

» saurait être bien certainement rayé du
» programme de nos écoles. Elles péche-
» raient par la base, si la conscience des
» enfants n'y était pas l'objet de la même
» sollicitude que leur intelligence et leur
» raison. »

III

LA FONDATION

On a souvent répété que l'histoire de la
Ligue, c'est l'histoire de Jean Macé. Chacun des actes préliminaires, chacun des
travaux antérieurs de son fondateur, de
première et de seconde jeunesse, forme
une étape vers la réalisation de la grande
idée qu'il portait en lui. Ses *Lettres d'un
paysan d'Alsace à un sénateur sur l'instruction obligatoire* (décembre 1861), *Sur
la Décentralisation intellectuelle en
France* (janvier 1862), *Sur les Bibliothèques populaires* (25 avril 1862), ses articles sur les *Bibliothèques communales*,
son œuvre de la *Société des Bibliothèques communales du Haut-Rhin* (consti-
tuée à Colmar le 29 novembre 1863), furent l'acheminement, souvent difficile,
mais toujours persévérant, vers la fondation de l'œuvre définitive de sa vie.

Dans ces manifestations nouvelles de
sa pensée, l'auteur enthousiaste des *Let-*

tres d'un garde national à son voisin (janvier 1848), *des Vertus du Républicain, des Entretiens du père Moreau, du Petit Catéchisme républicain*, le directeur de la *Propagande Socialiste* (1848-1849), l'écrivain heureux de l'*Histoire d'une bouchée de pain* (1861), se montrait un habile polémiste, un critique savant, un organisateur remarquable.

Mais son activité voulait et cherchait mieux que cela.

Une tentative de Ligue de l'Enseignement faite en Belgique lui servit à lancer l'idée en France, et la façon élémentaire dont fut posée la première pierre du monument qui devait s'élever si haut, plus tard, la voici racontée par lui-même, dans une lettre qui fut publiée par l'*Opinion nationale* du 31 octobre 1866 (lettre adressée au directeur) :

« Beblenheim, 27 octobre 1866,

« Mon cher monsieur Guéroult;

» Je demandais avant-hier dans l'*Opinion nationale*, après avoir exposé ce qui se fait en Belgique, pourquoi nous n'aurions pas aussi notre Ligue de l'Enseignement en France.

» Il m'arrive aujourd'hui une lettre qui me met en demeure de prouver que je ne lançais pas là une parole en l'air.

» Trois citoyens l'ont prise au sérieux,

Ils m'envoient leurs noms et s'engagent à souscrire chacun pour 5 fr. par an.

» MM. J. Larmier, sergent de ville, à Paris, rue de la Santé, 27 (Maison-Blanche).

» Antoine Mamy, conducteur-chef au chemin de fer de Lyon, 23, Grande-Rue, à Nogent-sur-Marne (Seine).

» Jean Petit, tailleur de pierres, 4, rue des Dames, aux Ternes (Paris).

» Cela fait quatre noms, avec le mien, sur la première liste d'adhésions au projet d'établissement d'une Ligue de l'Enseignement en France.

» Je propose à tous ceux qui voudront se mettre avec nous, à quelque chose et à quelque opinion qu'ils appartiennent, de me le faire savoir, en m'indiquant le chiffre de leur cotisation future. Je me charge provisoirement de recueillir les premières adhésions, en attendant que le projet réunisse les deux conditions nécessaires à sa réalisation, le concours de bons citoyens et l'assentiment de l'autorité, et je ne vois rien qui fasse désespérer de l'un plus que de l'autre.

» Ayez, je vous prie, l'obligeance de publier ce simple avis, qui me paraît suffisant pour entamer l'affaire. Elle fera son chemin toute seule si l'heure est venue.

» Tout à vous,

» JEAN MACÉ. »

IV

LA PREMIÈRE ANNÉE

« Les adhésions au projet d'établissement d'une Ligue de l'enseignement en
France m'arrivent de tous les côtés, et je
suis déjà aux prises avec les embarras,
écrivait Jean Macé dès le 15 novembre
1866, dans l'*Opinion nationale* (1). On
m'envoie de l'argent que je n'ai pas demandé ; on me demande des explications
que je ne suis pas en état de donner ; on
me pose des programmes dont je ne puis
me faire juge. »

Ces complications, cette affluence de
lettres, de questions, d'adhésions, d'avis
sages ou prématurés, sont bien le signe
qui marque le début des grandes entre-
prises. Les matériaux d'abord arrivent de
toutes parts, s'entassent, se confondent,
en désordre ; mais bientôt chaque objet
reçoit sa destination, chaque apport se
classe à son rang, l'ordre se met dans ce
chaos, et de l'entassement informe des
matériaux, le monument surgit enfin,
construit d'après un plan bien compris, et
pour un objet bien déterminé.

C'est ce qui arriva pour la Ligue.

La première année fut toute d'organi-

____

(1) Jean Macé, *Les Origines de la Ligue de
l'Enseignement.* — Paris, 1891.

sation, de tâtonnements, d'initiative har-
die et d'orientation anxieuse. Un seul
point était fixé, dans l'esprit du fondateur, et c'était de garantir toute l'indé-
pendance des adhérents, sauf une ligne
générale d'action qui devait être le mot
d'ordre de la Ligue.

« Le fondateur, écrivait-il de lui-même
le 20 février 1867, a préféré, pour des rai-
sons qu'il a cru bonnes, partir tout seul,
d'un village, sans statuts dans sa poche,
et provoquer tout d'abord les adhésions à
l'idée pure et simple et les créations de
cercles locaux, laissant aux adhérents le
soin de se donner après coup la constitution qui leur conviendrait, aux cercles locaux celui de s'organiser d'eux-mêmes
comme ils l'entendraient, pour procéder
ensuite, par délégation, à l'organisation
centrale. »

D'ailleurs, les adhérents avaient compris immédiatement à quelle œuvre grande
et libre ils étaient conviés, car ils s'inscrivaient en foule.

A la fin de l'année 1868, un rapport de
Jean Macé mentionnait QUATRE MILLE HUIT
CENT DIX-HUIT adhésions. 12 départements
seulement, sur 89, n'avaient pas encore
répondu à l'appel. Cinq sociétés consti-
tuées étaient entrées dans la Ligue, et
beaucoup d'autres, en attendant leur
adhésion collective, y étaient représentées
par un ou plusieurs membres. Au 1er no-

vembre, les recettes se montaient à 12,362 fr. 95, les dépenses, à 8,770 fr. 60. — Rapport vérifié et certifié conforme par dix membres du *Cercle messin* de la Ligue de l'Enseignement.

En même temps, Jean Macé adressait à tous ses correspondants le projet de statuts qui n'avaient pu se discuter à l'assemblée générale, celle-ci n'ayant pas eu lieu, faute de l'autorisation ministérielle, parvenue trop tard.

Ce projet, le voici. Il achèvera de montrer quel avenir le fondateur espérait pour son entreprise :

« Article Premier. — La Ligue de l'Enseignement a pour but de provoquer par toute la France l'initiative individuelle au profit du développement de l'instruction publique.

» Art. 2. — Son œuvre consiste :

» 1° A fonder des bibliothèques et des cours publics pour les adultes, des écoles pour les enfants, là où le besoin s'en fera sentir ;

» 2° A soutenir et à faire prospérer davantage les institutions de ce genre qui existent déjà.

» Art. 3. — Il demeure entendu que, soit dans la composition des bibliothèques, soit dans l'enseignement des cours, soit dans le programme des écoles, fondés ou soutenus par la Ligue, on s'abstiendra de tout ce qui pourrait avoir une couleur de polémique, politique ou religieuse.

» Art. 4. — Les membres de la Ligue resteront toujours juges du chiffre, de la durée et de l'emploi de la cotisation souscrite par eux.

» Art. 5. — Ils se grouperont, comme ils l'entendront, en sociétés indépendantes, réglant elles-mêmes leur mode d'administration, la nature et l'étendue de leur action.

» Art. 6. — La Ligue aura une agence, nommée et rétribuée par elle, chargée : 1° de propager l'œuvre ; 2° de publier le Bulletin de la Ligue ; 3° de convoquer l'assemblée générale qui aura lieu tous les ans.

» Art. 7. — L'agence rendra compte de sa gestion à une commission de contrôle, et publiera dans chaque Bulletin l'état détaillé de ses recettes et de ses dépenses.

» Art. 8. — Nulle modification aux présents statuts ne pourra être votée en assemblée générale sans avoir été au préalable communiquée à l'agence centrale, et portée par elle à la connaissance de toutes les Sociétés dont la Ligue se composera. »

V

JUSQU'A LA GUERRE

Pendant l'hiver 1867-1868, Jean Macé rassembla tous les éléments qui devaient contribuer à l'édification de son œuvre. Plus tard, viendraient les agrandissements, les embellissements. Ce qu'il voulait d'abord, c'était mettre debout le monument.

Le 20 mars 1868, il écrivait :

« Le projet d'établissement d'une Ligue de l'Enseignement en France a rencontré dès à présent assez d'adhésions individuelles, sur tous les points du pays et dans toutes les classes de la Société, pour qu'il ne soit plus nécessaire de continuer la propagande de l'idée pure et simple.

» La Ligue est entrée maintenant dans une seconde phase de préparation, celle de l'organisation des cercles locaux et du

ralliement des Sociétés d'instruction déjà
existantes. »

Afin d'établir un lien entre tous les
groupements de la Ligue, le fondateur pu-
blia régulièrement un Bulletin des travaux.

LIGUE DE L'ENSEIGNEMENT

———

BULLETIN

DU

MOUVEMENT D'ENSEIGNEMENT

PAR L'INITIATIVE PRIVÉE

———

N° 1

15 Mai 1868

———

Prix : 25 centimes

———

JEAN MACÉ, ÉDITEUR

A BEBLENHEIM (HAUT-RHIN)

Fac-simile du 1ᵉʳ Bulletin de la Ligue

Les débuts, là aussi, furent modestes; mais l'avenir devait fortifier et développer tous ces essais.

Ce premier Bulletin comprenait le programme de la Ligue, débutant par ces mots :

« *Les soussignés, désireux de contribuer personnellement au développement de l'instruction dans leur pays, déclarent adhérer au projet d'établissement en France d'une* Ligue de l'Enseignement, *au sein de laquelle il demeure entendu qu'on ne servira les intérêts particuliers d'aucune opinion religieuse ou politique.* »

A partir de ce jour, le mouvement s'accrut sans cesse. L'active propagande de chaque adhérent portait de jour en jour la Ligue jusqu'au sommet qu'elle devait atteindre. Des adversaires se montrèrent, des amis plus nombreux accoururent, et, par le dévouement des uns, malgré l'opposition des autres, l'œuvre s'éleva, puissante et prospère.

Le rapport sur la situation au 15 février 1869 constatait la formation, sur tous les points du pays, de cercles unis à la Ligue par l'acceptation de son rôle entier d'enseignement populaire. Au 15 février 1870, la statistique indiquait 59 cercles, comprenant 17,856 membres, ayant un budget annuel de 78,455 fr. 05.

La constitution définitive du *Cercle parisien*, organisé par Emmanuel Vauchez, promettait dans un avenir prochain un point d'appui universel aux efforts individuels dans les campagnes éloignées des cercles en activité.

A cette date (15 février 1870), Jean Macé, terminant sa notice sur cette statistique, pouvait écrire :

« La Ligue n'est plus une utopie ; elle a conquis son droit de cité dans le pays. A ceux maintenant qui en comprennent l'utilité, qui se sont déjà mis à l'œuvre ou se préparent à s'y mettre, à développer une œuvre qui ne demande plus qu'à grandir pour devenir comme la Société fondée en Hollande, il y a quatre-vingts ans, par le pasteur de Monnikendam : *Une force nationale sortie d'un bienfait national.* »

VI

LE CERCLE PARISIEN

Comme sur le pays entier, la sanglante aventure de 1870 s'abattit sur la Ligue, dispersant ses fondateurs, refoulant la masse de ses membres, détruisant le sixième (1) des cercles d'Alsace-Lorraine, affaiblissant les autres, faisant du petit village alsacien, Beblenheim, jusqu'alors centre d'action de la Ligue, un village allemand. Et ce n'était pas assez de l'armée ennemie pour infliger cette terrible leçon au peuple français, coupable de cette étrange faiblesse qui le jetait tantôt au pied du trône étriqué d'un maître insuffisant, et tantôt à la suite du drapeau variable d'une démagogie désordonnée ; après la guerre impériale, la funeste et maudite lutte fratricide de la Commune écrasa ce qui restait de vigueur au pays. Dans ce désarroi, ouvriers et paysans criaient au ciel leur appel désespéré, écrivains et tribuns s'accrochaient aux plus hasardeuses chances de salut, et Jean Macé, vivant souvenir de Dante s'échappant de Florence

---

(1). A. Dessoye, *Jean Macé et la fondation de la Ligue de l'Enseignement* — Paris, 1893.

pour sauver *la Divine Comédie*, Jean Macé, dans cette tourmente des égoïsmes dé-
chaînés, cherchait un asile pour la LIGUE.

C'est alors que se révélèrent Emmanuel
Vauchez et le CERCLE PARISIEN.

L'asile de la Ligue, ce serait Paris.

« L'œuvre était à reprendre par la base,
comme au premier jour, avec plus d'obs-
tination seulement, plus de zèle, plus de
dévouement, parce que la tâche allait
grandir et avec elle les difficultés à sur-
monter, a écrit M. A. Dessoye. C'est au
Cercle parisien qu'allait revenir le soin de
centraliser le mouvement ; il était le mieux
placé pour le faire, le seul d'ailleurs qui
le pût. On vit, alors, avec une intensité
vraiment admirable, tout ce qu'il y avait
de courage, d'énergie, de patriotique intelligence chez Emmanuel Vauchez. »

C'est en 1867 qu'Emmanuel Vauchez
avait commencé l'organisation du *Cercle
Parisien* de la Ligue de l'Enseignement,
par une commission provisoire, sous la
présidence de M. Flammarion. Au 16 novembre de la même année, le Cercle comp-
tait déjà 117 membres. Moins d'un an plus
tard (juin 1868), paraissait le premier bulletin du Cercle, où il était dit :

« Un groupe de la *Ligue de l'Enseignement* s'est organisé à Paris, dans le but
de propager l'instruction dans les départements. Ce groupe s'impose la mission
exclusive de travailler au développement

de l'instruction générale en France, et s'interdit toute participation aux questions politiques et religieuses. »

Définitivement constitué le 19 juin 1859, avec 445 membres et 2.280 fr. de cotisations annuelles souscrites, le Cercle parisien nomma un comité définitif, avec Jean Macé, président, Emmanuel Vauchez, secrétaire général, Henri Martin, et Flammarion, vice-présidents, et s'installa au n° 175 de la rue saint Honoré, où il devait garder tant d'années son siège social.

« C'est principalement aux populations rurales que s'adresse la Société, disait le nouveau manifeste du Cercle parisien. Elle provoque et encourage l'initiative individuelle pour la fondation d'écoles, de cours gratuits, de conférences publiques, de bibliothèques populaires. »

D'abord, des inimitiés s'élevèrent. Des feuilles rétrogrades clamèrent à la dévastation, dans un style où le Cercle apparaissait, tel un monstre d'incendie et de ruine! Puis, comme autrefois pour la Ligue, des amis s'empressèrent, des fonds affluèrent, des relations s'établirent dans tout le pays. Au mois de mars 1870, le premier pétitionnement en faveur de la gratuité et de l'obligation de l'instruction primaire amena cent mille adhésions, dont plus de cinquante mille furent recueillies par le Cercle Parisien. Le 15

juillet, le chiffre des signatures atteignait
350,000. —
Mais la Guerre éclata. . . . .

VII

LE PÉTITIONNEMENT

Pour effacer les ruines, reconstruire
l'œuvre, et instruire le peuple de ses devoirs et de ses droits, il fallait abandon-
ner la parole, l'écriture, et entrer immédiatement dans l'action. Emmanuel Vauchez prépara un nouvel et puissant pétitionnement en faveur des principes de
l'obligation et de la gratuité de l'instruction primaire. Après quelques difficultés,
car les plus dévoués commençaient à
peine à ressaisir leur vigueur morale, une
circulaire fut expédiée à tous les Cercles
de la Ligue (15 octobre 1871).

A cet appel, rappelant les 350,000 signatures de 1870, des réponses vinrent en
foule. Cette nouvelle pétition était intitu-
lée : MOUVEMENT NATIONAL DU SOU CONTRE
L'IGNORANCE. — Chaque adhérent était in-
vité à appuyer sa signature par le verse-
ment d'un sou, qui devait avoir doux
effets : donner aux signatures un caractère plus sérieux, couvrir les frais d'im-
pression et de propagande. Le principal
but indiqué était d'appeler l'attention publique sur la question capitale de l'ins-

truction et de l'éducation des masses, clef de toutes les solutions, base de tous les progrès. La commission avait signé : A. Loreboullet, F. Moigneu, Eugène Nus, Ch. Sauvestre, E. Vacca, et le secrétaire du Cercle, Emmanuel Vauchez (1).

Quinze jours plus tard, les premiers ballots de pétitions furent adressés aux cercles.

Une presse favorable aida le bon mouvement. Des groupements désorganisés par la guerre se reconstituèrent. Des conférences ramenèrent de nombreuses adhésions. Enfin, vers la fin de l'année, Jean Macé vint à Paris, animer de sa présence et de sa foi le pétitionnement, inspirant la circulaire du 1er janvier 1872, laquelle précisait que la propagation, le développement de la Ligue de l'Enseignement tenaient une large place dans les projets du Cercle parisien.

Mais qui ne connaît, par souvenir ou par tradition, l'immense réclamation d'un peuple soulevé par l'effort de la Ligue ? Il suffit de rappeler la conclusion de l'effort, et le voici textuellement, par des chiffres :

« LIGUE DE L'ENSEIGNEMENT PAR L'INITIATIVE PRIVÉE

» *Pétition à l'Assemblée nationale*

____

(1) *Un million de signatures pour l'instruction obligatoire*, brochure, Paris, 1873.

» Messieurs les députés,

» Sous le titre de *Mouvement national du sou contre l'ignorance*, le cercle parisien de la ligue de l'enseignement a commencé le 1er novembre dernier, avec le concours de tous les cercles de la ligue, un pétitionnement en faveur de l'instruction populaire, en demandant à chaque adhérent une modique souscription comme affirmation de son vœu.

» Un rapide succès a répondu à son appel, bientôt secondé par la presse républicaine de Paris et des départements. Nous vous présentons les premiers résultats de ces efforts collectifs, les adhésions recueillies jusqu'à ce jour comprehnent huit cent quarante-sept mille sept cent soixante et une (847.761) signatures, réclamant l'instruction obligatoire, lesquelles se répartissent comme suit :

	Signatures
Pour l'instruction obligatoire seulement .	*110.105*
Pour l'instruction obligatoire et gratuite.	*383.391*
Pour l'inst. obligatoire, gratuite et laïque	*318.205*
Total	*847.761*

«Ces chiffres parlent assez haut par eux-mêmes. En saisissant l'Assemblée nationale de cette manifestation, la plus considérable qui se soit produite jusqu'ici dans notre pays, nous avons la ferme confiance, Messieurs les Députés, que vous voudrez bien y faire droit.

« Au nom de la Ligue de l'Enseignement ·

» *La Commission déléguée,*

CHARLES SAUVESTRE, président.— EUG. NUS.— E. VACCA.— AD. LEREBOULLET.

« *Le Secrétaire du Cercle Parisien,*
EMMANUEL VAUCHEZ.

» *Le Président du Cercle Parisien,*
JEAN MACÉ. »

A ce total de pétitions, remises à la Chambre des députés, le 19 juin, 1872, soit : |

847.761

il convient d'ajouter :

2ᵉ *dépôt de pétitions (novembre 1872)* . .	69.506
Pétitionnement de 1870, interrompu par la guerre.	350.000
TOTAL.	1.267.267

Un million deux cent soixante-sept mille deux cent soixante-sept signatures.

VIII

LA NOUVELLE PROPAGANDE·

L'immense succès du *pétitionnement* ouvrait à la Ligue une voie plus large, et lui montrait enfin le but invariable où la conduisait sa magnifique destinée, cet avenir de rénovation d'un peuple qui terminerait des siècles de luttes et de souffrances, et donnerait enfin à la nation la science et le pouvoir indispensables pour fonder sa Législation.

Le premier pas à faire dans cette voie, c'était la grande et nouvelle propagande qui rallierait au principe de la Ligue les forces éparses des provinces.

« Toute mon action personnelle va se concentrer désormais dans la *prédication orale*, déclarait alors Jean Macé, et dans les voyages entrepris pour aller provoquer sur place la fondation de nouveaux cercles par toute la France. »

Dans ces voyages, auxquels devaient plus tard succéder les *Congrès de la Ligue*, Jean Macé se révéla « causeur tout débordant de cœur et de conviction, préoccupé, avant tout, de convaincre et non de plaire, et subjuguant d'autant plus, laissant aller sa parole à tous les hasards de l'improvisation, vif, spirituel, enjoué, trouvant sans cesse, à côté des accents qui remuent les âmes, la phrase ingénieuse et le mot qui, se gravant dans l'esprit, y laissent une vive et durable empreinte. » (*A. Dessoye*).

Au nord, à l'est, à l'ouest, au midi de la France, partout où l'exigeaient les nécessités, les circonstances, le propagateur actif de la Ligue visita les hommes, les cercles qui pouvaient aider l'œuvre.

Puis, le principe de l'obligation de l'instruction subissant les attaques d'adversaires acharnés, Jean Macé reprit la plume, et défendit énergiquement le programme du Cercle parisien, dans sept petits volumes (1872-1873), LES IDÉES DE JEAN-FRANÇOIS qui traitèrent successivement de la *Séparation de l'église et de l'école*, la *Demi-instruction*, la *Soutane de l'abbé Junqua*, la *Vérité du suffrage universel*, les *Députés dans l'embarras*, le *Mal sans remède* et la *Sainte-Alliance*, *Jacques Bonhomme à ses députés* et la *France à Jacques Bonhomme*.

En même temps, le Cercle parisien continuait sa mission, recueillait les sympathies de trente-cinq mille maires, adjoints, conseillers généraux ou d'arrondissement, députés, représentants ou interprètes de quatorze ou quinze millions d'habitants, créait des *bibliothèques régimentaires*, d'une utilité incontestable, des *bibliothèques dans les hopitaux*, des *écoles régimentaires*.

Survint le 24 mai.

Jusque-là, les pouvoirs publics, sans être précisément favorables à la Ligue, lui laissaient du moins une certaine liberté d'initiative. La Ligue ignorait les répressions : le 24 mai les lui fit connaître. Sur des ordres supérieurs, des récompenses ne purent être décernées, des instituteurs reçurent « défense formelle de rien accepter de la Ligue, ou même furent forcés de lui renvoyer les ouvrages et les subventions qu'elle avait cru devoir leur accorder. » (*A. Dessoye.*) ; les préfets s'opposèrent à la propagande, et, dans cer-

tains départements, supprimèrent les
cercles. Pour le Cercle départemental dé
la Somme, le débat dut être porté à la tribune de l'Assemblée. Et c'étaient les journaux religieux, les évêques, le pape lui-
même, qui, trompés par de mauvais conseillers, condamnaient l'œuvre de la Ligue
comme antipopulaire et pernicieuse.

La Ligue, sous le 16 mai, vit de nouveau son mouvement brusquement arrêté.
« On sait quel caractère prit la lutte : le
gouvernement recourut à tous les arbi-
traires, voulant dompter par la terreur ;
le parti républicain opposa la parole de ses
orateurs, ses journaux, ses brochures. »
(*A. Dessoye.*)

Dans nombre de départements, les cercles furent dissous, les bibliothèques fer-
mées, les conférences interdites.

Les élections du 14 octobre 1877, et la
fermeté de la Chambre, firent rentrer dans
l'ordre les adversaires gouvernementaux
de la volonté populaire. Jean Macé, qui
n'avait jamais cessé sa revendication, se
retrouva debout pour la lutte, et la Ligue
ressaisit ses forces, reprit son action.

Le *sou des écoles laïques,* souscription
de tous pour l'œuvre commune, l'enquête
sur *l'obligation, la gratuité et la laïcité
de l'instruction,* circulaire explicative à
faire signer, tels furent les deux créations
de la Ligue au lendemain même de la période de répression.

Il faut citer ici la lettre d'un ministre à qui l'instruction publique est redevable de sa fondation définitive, et qui n'hésita pas à donner tout son appui aux efforts de la Ligue :

A Monsieur Jean Macé.

« Paris, le 31 mai 1879.

« Monsieur le Président,

« Dans la lutte engagée par la société française contre une faction que vous caractérisez à merveille en disant qu'elle « n'invoque la liberté que pour édifier la servitude », je suis heureux de me sentir appuyé par l'opinion publique dont l'adresse du Cercle parisien (1) est pour moi une précieuse manifestation. Je vous prie de remercier en mon nom les signataires de l'adresse, et je vous prie d'agréer l'assurance de ma considération distinguée.

« Le Ministre de l'Instruction publique et des Beaux-Arts,

« JULES FERRY. »

Peu de temps après, le 4 juin 1880, le Cercle parisien était reconnu d'utilité publique.

Puis ce fut la Ligue qui prépara sa constitution définitive en une vaste fédération des sociétés existantes, et qui, pour en établir les bases, réunit son premier congrès à Paris, le 18 avril 1881.

---

(1) Adresse signée le 30 avril 1879 par les membres du comité du Cercle parisien, et envoyée au ministre.

IX

LES CONGRÈS DE LA LIGUE

L'ordre du jour du premier Congrès de la Ligue renfermait tout son programme depuis quinze ans. Il comprenait sept questions : *organisation fédérative de la Ligue, librairies de campagne et colportage, sociétés d'instruction de village, musées cantonaux, bibliothèques cantonales, conférences populaires, congrès régionaux.*

Le congrès, qui dura quatre jours (18-21 avril, 1881), réunit plus de trois cents délégués de Paris et de la province. Les discussions y furent longues et vives, mais l'entente se fit aussi bien sur la fédération, sous le nom de *Ligue française de l'enseignement*, que sur le fonctionnement général de l'œuvre. On avait atteint un des plus beaux succès, et les applaudissements éclatèrent lorsque Jean Macé, à la fin de l'allocution qu'il prononça au palais du Trocadéro (21 avril), dit hautement : « Le monde appartient aux croyants qui voient clair, aux passionnés qui ont raison ! » Dans une belle et fière réponse, Gambetta, au milieu du discours qu'il prononça à la même séance, disait à la Ligue et à son fondateur : « Vos efforts ne datent que d'hier, et cependant on voit déjà s'élever sur toute la France comme une riche moisson d'écoliers, comme une sorte de germination de maîtres. On dirait — passez-moi ce souvenir — que, de même qu'après l'an 1000, quand l'Europe, échappant aux angoisses de la peur et affaissée sous le joug sacerdotal, se couvrait d'églises, de même, après nos désastres, nous avons voulu, nous, couvrir notre terre d'écoles. »

Voici le texte des statuts adoptés à ce premier congrès :

Art. 1er. — La Ligue de l'Enseignement, fondée par Jean Macé, s'organise en fédération sous le titre de Ligue française de l'Enseignement.

Art. 2. — Une liste est ouverte sur laquelle seront inscrites toutes les sociétés d'instruction populaire, sous quelque titre que ce soit, y compris les sociétés de femmes, qui voudront en faire partie.

Art. 3. — La Ligue française de l'Enseignement a pour but de provoquer par toute la France l'initiative individuelle au profit du développement de l'instruction populaire par tous les moyens possibles.

La Ligue publiera un bulletin spécial dont le prix est fixé à 6 francs.

Art. 4. — Toute Société adhérant à la Ligue sera tenue de prendre un abonnement à ce bulletin.

Art. 5. — Chaque Société fixera elle-

même sa contribution d'après ses ressources.

Art. 6. — Chaque Société étant indé-
pendante, sera libre de se retirer lors-
qu'elle le désirera.

Art. 7. — Un Congrès, composé des
délégués des sociétés de la Ligue, se réu-
nira chaque année dans le lieu désigné
par le conseil général de la Ligue.

Le premier Congrès se tiendra à Paris.

Art. 8. — Chaque Société enverra un
délégué au Congrès annuel. Un même
délégué pourra représenter plusieurs Sociétés, mais il n'aura jamais qu'une seule
voix.

Art. 9. — La Ligue est administrée par
un conseil général de 30 membres, nom-
mé par le Congrès pour trois ans et re-
nouvelable par tiers chaque année.

Le sort déterminera les membres qui
font partie des 1er et 2e tiers.

Les membres sortants sont rééligibles.

Art. 10. — Les attributions du conseil
général sont :

1° De propager l'œuvre ;

2° De publier le bulletin de la Ligue ;

3° D'organiser des conférences publiques et les Congrès annuels ;

4° D'administrer les finances de la
Ligue.

Art. 11. — Le conseil général rendra
compte dans le bulletin de sa gestion et

publiera l'état détaillé de ses recettes et de ses dépenses.

Art. 12. — Nulle modification aux présents statuts ne pourra être discutée en assemblée générale sans avoir été au préalable communiquée au conseil et portée par lui, deux mois avant la réunion du Congrès, à la connaissance de toutes les Sociétés dont se compose la Ligue française de l'Enseignement.

Art. 13. — Disposition transitoire. — *Les présents statuts seront soumis par les délégués présents au Congrès à l'approbation de leurs Sociétés. Les Sociétés qui les accepteront enverront leurs adhésions au cercle parisien, qui convoquera leurs délégués en juin prochain pour nommer le conseil général.*

Depuis cette assemblée générale, de laquelle date la constitution définitive de la Ligue, jusqu'à la nouvelle campagne commencée en 1894, ce ne furent que succès et prospérités. Cette période heureuse n'a donc pas d'autre histoire que les triomphes enregistrés et acclamés à chacun des 12 *Congrès annuels* qui suivirent le premier, et qui furent tenus à Paris (1882), Reims (1883), Tours (1884), Lille (1885), Rouen (1886), Alger (1887), Lyon (1888), Paris (1889), Marseille (1890), Paris (1891), Paris (1892), Paris (1893).

X

LE CONGRÈS DE NANTES

Il y a des institutions qui ne vieillissent jamais, qui ne peuvent pas vieillir. Les siècles même, en leur substituant des organisations exigées par l'évolution des événements, n'en peuvent altérer le principe. Et quand des révolutions absolues ruineraient toutes les sociétés, l'humanité verrait encore debout ces œuvres lumineuses; et si ces œuvres mêmes étaient abattues, leur nom, qui est impérissable, suffirait à guider la conscience des générations les plus lointaines de l'avenir.

La Ligue de l'Enseignement, elle, est apparue, depuis trente ans, chaque fois qu'un désastre moral ou matériel fondait sur la France. A certaines périodes où tout sombrait, elle était le phare dont l'étoile promettait le salut aux plus désespérés. Cette tâche bienfaisante, elle devait la remplir encore, en cette année 1894, où des actes violents faisaient craindre de nouvelles perturbations publiques, où des marchandages louches semblaient annoncer de nouvelles débâcles financières.

Au mois de mars 1894, elle lançait un appel dicté par des périls comme elle en avait connus, comme elle ne voulait plus en voir menacer le pays.

« ... Aujourd'hui, disait-elle, partageant les légitimes anxiétés de tous les bons Français, la Ligue sent l'urgence de faire un nouvel appel à l'initiative privée, pour mener à bien un projet qui est le prolongement même de son œuvre.

» Elle voudrait, de l'école jusqu'à l'entrée du régiment, assurer à l'adulte les connaissances acquises pendant l'enfance, diriger son perfectionnement dans le sens professionnel, enfin munir le jeune homme, trop tôt livré à lui-même, des solides principes qui sont indispensables aux citoyens d'une démocratie.

» C'est son devoir d'initiatrice et de Française. La situation sociale le rend impérieux pour elle... »

L'appel vibra d'un bout à l'autre du pays, et des délégués affluèrent à Nantes, où devait se tenir le *14ᵉ Congrès* de la Ligue (2 au 5 août 1894). Les circonstances donnaient à l'assemblée une puissante impulsion vers le nouvel effort à tenter. Il y avait dans l'atmosphère du Congrès ce sentiment fait de généreuse émotion et de grande volonté, qu'éprouve, à des heures critiques, telle légion sacrée qui sait porter en elle le salut d'une nation.

« Messieurs, prononça M. Léon Bourgeois dans un discours qui restera un vivant programme d'ordre et de vérité, l'entreprise est immense, mais laissez-moi vous dire que sa grandeur n'égale pas encore sa nécessité.

» ... Comme aux époques des grandes révolutions géologiques, la terre entière semble traverser une épreuve. Et comme, à ces époques, après le soulèvement d'une chaîne de montagnes, de grands fleuves se sont trouvés arrêtés dans leur marche et n'ont pu reprendre leurs cours que dans des directions nouvelles, nous avons, nous et avec nous tous les amis de la paix humaine, à rendre au grand fleuve des démocraties son courant pacifique, à lui assurer l'issue et la voie par lesquelles il sera, non un torrent irrité et furieux qui inonde et qui ruine, mais un flot bienfaisant qui porte partout la paix et la vie.

« ... Travaillons à cette tâche de toutes nos forces et avec toute notre confiance. Herbert Spencer résume ainsi la crise de notre temps : « L'humanité primitive n'avait qu'une religion, celle de la haine ; il y en a deux qui se combattent aujourd'hui ; l'humanité du lointain avenir n'en aura qu'une, celle de l'amour. » Messieurs, nous sommes les croyants de cette religion ; ne la professons pas du bout des lèvres, pratiquons-la du fond du cœur. »

A la séance de clôture, au théâtre Gras-
lin (5 août), comme les notes vibrantes
de la *Marseillaise* s'achevaient, Jean
Macé se leva. On conserve précieusement,
d'âge en âge, le souvenir de ces figures
vénérables ; elles sont à la fois le miroir
de toutes les beautés d'une époque, et
l'expression la plus haute de la dignité
humaine ; quand ces sages se dressent et
qu'ils vont parler, et qu'on sait que leurs
quatre-vingts ans ont gardé intactes toutes les croyances de leur jeunesse, les
fronts s'inclinent, et l'assemblée recueille
en silence les paroles qui lui enseignent
le DEVOIR. Jean Macé dit ceci :

« C'est une tendance naturelle aux vieillards d'aimer à regarder en arrière et d'apporter à ceux qui les écoutent la leçon du
passé. Appelé à présider encore une fois,
la dernière peut-être, les assises annuelles de la Ligue française de l'Enseignement, je veux vous rappeler la formule où
se résume le but qui lui a été assigné dès
le commencement :

» *Faites travailler ceux qui savent, au
profit de ceux qui ne savent pas.*

» Il s'agissait alors pour ce pays de re-
conquérir la liberté perdue, et tous ceux
qui en avaient l'amour au cœur l'ont compris.

» Il s'agit aujourd'hui pour lui de vivre
avec la liberté, en se garant des abus.

qu'on peut en faire dans une société troublée comme la nôtre. Les lois et les pouvoirs publics y seraient impuissants sans l'action personnelle des citoyens. Tous ceux qui sont ici comprendront.

» ... Travaillez donc au profit de ceux qui ne savent pas, mes chers collaborateurs, travaillez-y sans compter ni votre peine, ni votre science. Peu de science est plus facile à donner que beaucoup, et c'est l'envie d'apprendre, avec le moyen matériel de la satisfaire, qu'il importe surtout de donner.

» Et n'écoutez pas ceux qui vous parleront du danger des déclassés. Notre société est pleine de déclassés qui font sa force pour leur bonne part, d'hommes qui sont montés, soit le fils, soit le père, en récompense d'un effort utile. Ce n'est pas l'instruction qui fait le déclassé dangereux, c'est la convoitise, l'oubli du devoir et de la dignité personnelle. Pas n'est besoin d'en savoir bien long pour cela. Vous me pardonnerez ce que je vais dire; mais je suis bien forcé de revendiquer le droit des enfants du peuple à sortir des rangs où ils sont nés, moi, le fils d'un camionneur, devenu sénateur inamovible. »

M. Ferdinand Buisson, délégué du ministre de l'instruction publique, ajoutait à l'appel du fondateur de la Ligue cette prophétique vision :

« ... Le temps vient, et nous y marchons rapidement, où les familles demanderont beaucoup, interviendront beaucoup, s'intéresseront beaucoup à l'école primaire. Un jour viendra, où ce ne seront plus des sociétés comme celle-ci qui discuteront les questions d'enseignement, mais tous les pères de famille... En ce temps-là, le congrès de la Ligue de l'enseignement ne sera plus une solennité : il se tiendra en petit tous les dimanches dans l'école de chaque village. »

M. Étienne Charavay, secrétaire général, a formulé tout l'esprit et la portée du Congrès dans ces conclusions de son rapport :

« Le 14e Congrès de la Ligue de l'enseignement fera époque dans l'histoire de la Ligue. Après avoir obtenu l'instruction gratuite, laïque et obligatoire, la Ligue s'occupe désormais des enfants depuis leur sortie de l'école jusqu'à leur entrée au régiment. C'est là un beau rôle auquel M. Léon Bourgeois a éloquemment convié la Ligue et tous les bons citoyens, dans un discours qui a eu un immense retentissement dans le pays et qui certainement restera célèbre sous le nom de Discours de Nantes. C'est en effet un programme admirable que M. Léon Bourgeois a tracé à ses concitoyens, et nous ne doutons pas que cet appel soit entendu.

» M. Buisson, au nom de M. le ministre de l'instruction publique, a répondu à
cette invitation en affirmant que le gouvernement était avec la Ligue de l'enseignement et encourageait son action. C'est
là une déclaration d'une portée considérable, et telle qu'on devait l'attendre du
ministre de l'enseignement primaire,
comme l'a finement appelé notre vénéré
président.

» Il faut donc maintenant marcher résolument en avant, et nous comptons sur
le concours dévoué de tous les membres
de la Ligue et de tous les amis de l'instruction populaire. Que l'initiative privée
commence, et les pouvoirs publics suivront » (1).

<hr>

XI
LE CONSEIL GÉNÉRAL

« ... Appelé à présider encore une fois,
la dernière peut-être, les assises annuelles de la Ligue, » avait dit Jean Macé
à la séance de clôture du Congrès de
Nantes. Prévoyait-il sa fin prochaine ?

« ... En plein triomphe de ses idées, en
pleine apothéose de son œuvre, a écrit
Édouard Petit au lendemain de la triste
nouvelle, il avait répondu, des larmes
dans la voix, à un vieux ligueur, qui,

<hr>

(1) *14ᵉ Congrès annuel à Nantes.* — Paris,
1894 (aux bureaux de la Ligue).

dans le banquet d'adieux de Nantes, lui portait un toast : « Mes amis, je ne serai peut-être plus là pour lutter avec vous. Continuez ma tâche ! » Et l'émotion étranglant sa voix, il avait quitté la salle pour cacher sa tristesse.

» Et pourtant, il y a huit jours à peine, il présidait le Conseil général de sa chère *Ligue de l'Enseignement*.

» On a rappelé sa vie, son œuvre. Ce que connaissaient seuls ses intimes, c'est son caractère. Il l'avait droit, franc, loyal, généreux.

» ... Ce dont il était fier, c'était d'avoir, lui, simple éducateur, perdu dans un village des Vosges, soutenu le bon combat contre l'Empire ; d'avoir par des brochures, par le groupement des sociétés d'instruction, contribué au réveil des idées libérales, puis, sous la République, d'avoir organisé le pétitionnement de deux millions de signatures d'où est sortie la loi sur l'instruction gratuite et obligatoire.

» ... Il voulait, par l'initiative privée, organiser l'instruction des adultes et des citoyens, faire pour le peuple qu'il aimait ce que l'on avait fait pour lui, le fils d'un camionneur.

» Mais par sa mort son œuvre ne sera pas interrompue. Sa pensée sera réalisée par ses élèves qui lui survivent. Il y a trop de bien à faire pour que l'on se décourage, pour que l'on ne mène pas à bien l'*Action nécessaire* qu'il dirigeait. »

Jean Macé est mort le 13 décembre 1894.

A Mouthiers, sur sa tombe, Léon Bourgeois, en ces paroles que tous répéteront après lui, a dit le dernier adieu à celui qui vivra désormais dans la mémoire des hommes :

« L'âme du peuple était en lui. C'est pour cela qu'il a été entendu et compris par le peuple. C'est pour cela que son œuvre, vraiment œuvre nationale, ne périra pas.

» J'ai dit : œuvre nationale. En prononçant ce dernier mot je touche au fond même de cette grande conscience : son amour pour la science, son amour pour la liberté ne sont chez Jean Macé que les deux expressions d'un sentiment plus profond encore, l'amour de son pays. Il a été avant tout, par dessus tout, un patriote.

» C'est le danger de la patrie qui dès avant 1870 lui mettait la plume à la main dans ce petit village d'Alsace, d'où il semblait prévoir qu'il serait un jour exilé. C'est la crainte d'un nouveau danger qu'il redoutait à tort ou à raison, pour la patrie, qui lui inspirait il y a quelques jours à la tribune du Sénat ses dernières paroles publiques.

» Les derniers mots de ce discours, touchante et tragique pensée, associaient l'Alsace et le drapeau de la France. En les répétant, Messieurs, ici aux bords de sa tombe, nous sommes sûrs de prononcer la parole qu'il eût souhaité entendre, de répondre à son dernier vœu.

» Maître, nous te saluons, et nous te promettons de rester fidèles à toutes tes œuvres, à tous tes enseignements, à toutes tes espérances. »

Une telle figure disparue laisse d'abord les fidèles plongés dans la consternation. On ne peut croire à la mort, les enfants ne peuvent croire que le père n'est plus, que jamais plus ils ne le verront leur sourire, les encourager, les exhorter parfois. Il semble que l'œuvre est finie, qu'il n'y a plus qu'à rentrer chacun chez soi.

Mais de telles œuvres justement sont encore LA VIE de ceux qui les ont fondées. La voix paternelle est éteinte; mais le travail est toujours là, les outils attendent, les lettres arrivent, le mécanisme continue à se mouvoir, seul, assez de temps pour ranimer les courages, pour recevoir l'impulsion nécessaire, quotidienne, qui le perpétuera. Et ceux-là qui restent et qui étaient sans force, dès qu'ils ont remis la main à l'œuvre, s'y redonnent bientôt tout entiers, et chacun se découvre le but partiel qu'il est destiné à atteindre, et il y marche, parce qu'il a la foi; il y marche, parce que la voix paternelle, qu'il croyait éteinte, il l'entend de nouveau l'encourager et le soutenir, et cela, chaque fois qu'il entend *sa propre voix* répéter et développer les enseignements reçus en héritage.

Voici donc le conseil général de la Ligue, et le comité du Cercle parisien, qui déjà, cette année 1895, ont montré par leurs premiers actes que l'œuvre léguée ne pouvait que s'accroître et s'améliorer sans cesse.

Conseil général de la Ligue :

Président d'honneur : M. Félix Faure, président de la République.

Président : Léon Bourgeois, président du Conseil des Ministres.

Vice-présidents : René Leblanc, inspecteur général de l'instruction publique ; Fernand Faure, professeur à la Faculté de droit ; Dessoye, rédacteur en chef de la *Dépêche* (Brest) ; Sardou, négociant, à Pons (Charente-Inférieure).

Secrétaire général : Étienne Charavay, archiviste-paléographe.

Secrétaires : Ardouin-Dumazet, rédacteur militaire du *Temps* ; Édouard Petit, professeur au lycée Janson-de-Sailly ; Léon Robelin, président de la Société d'encouragement à l'instruction en Seine-et-Oise.

Trésorier : Georges Wickham, adjoint au maire du IIe arrondissement.

Censeurs : Aussel, expert-comptable ;

Cavé, ancien juge au tribunal de commerce de la Seine ; Raveaud, président honoraire de Cour d'appel, président du Cercle Girondin.

Membres : J.-B. Bourgeois, député du Jura ; Dr Chavanne, médecin en chef du Sénat ; Demombynes, avocat ; Hector Depasse, ancien directeur au ministère du commerce ; Adrien Duvand, publiciste ; Dr Gley, agrégé de la Faculté de médecine ; Étienne Jacquin, conseiller d'État ; Dr Javal, de l'Académie de médecine ; Victor Jeanvrot, conseiller à la Cour d'appel (Angers) ; Dr Langlet, professeur à l'École de médecine ; Laya, avocat ; Moutard, inspecteur général des mines ; Napoléon Ney ; Schrader, publiciste ; Vincent (Ardèche) ; Zopff, ancien adjoint au maire de Strasbourg.

Membres d'honneur : Eugène Spuller, sénateur ; Georges Maublanc, avocat, adjoint au maire de Nantes.

Chef du Secrétariat : Henry Cayssac, publiciste.

Comité du Cercle Parisien :

Président : Léon Bourgeois.

Vice-présidents : Étienne Jacquin, Dr Émile Javal, Léyylier, adjoint au maire du VIIIe arrondissement ; Zopff.

Secrétaire général : Étienne Charavay.

Secrétaires : Adolphe Bonnet, conseiller de préfecture de la Seine : HENRY MAMY, ingénieur ; MAURICE MURET, conseiller général de Seine-et-Oise.

Trésorier : GEORGES WICKHAM.

Membres : AUSSEL, BAUDOT, maire du Iᵉʳ arrondissement ; CAVÉ, CHALMEL, membre de la Commission des Finances ; Dʳ CHAVANNE, DEMOMBYNES, DE SERRES, artiste peintre ; DRIESSENS, fondateur des cours d'économie ménagère ; FERNAND FAURE, ERNEST FIGUREY, publiciste ; CHARLES GOUDCHAUX, GRIGNAN, homme de lettres ; ÉMILE GROSSELIN, chef du service sténographique à la Chambre ; GUÉRIN-CATELAIN, président de la Société nationale des Conférences populaires ; GUIEYSSE, ministre des colonies ; HERBET, maire du VIᵉ arrondissement ; MUZET, conseiller municipal de Paris : VICTOR POUPIN, député.

Membre d'honneur : PABST, artiste peintre.

XII

L'ŒUVRE

« L'école, fondée et organisée par l'État, à la suite du mouvement national dont la Ligue fut l'initiative, offre maintenant à l'enfant une préparation sérieuse, effective, à la vie de l'homme et du citoyen.

» Mais cette œuvre de préparation est mort-née si l'enfant échappe à l'influence de l'école, si la direction éducative ne s'exerce pas avec continuité sur le jeune esprit qu'il s'agit de former, si la maladie ou la misère paralysent sa vie intellectuelle ou morale; — si, enfin, au sortir de l'école, il ne trouve pas un milieu favorable où puissent atteindre leur développement complet les germes d'idées justes qu'il en avait emportés. »

Ce principe inscrit au début du nouvel appel de la Ligue de l'Enseignement (janvier 1895), pour la fondation des *patronages scolaires*, résume bien l'objet du programme nouveau déjà défini au Congrès de Nantes.

C'est l'œuvre de l'ÉDUCATION qui commence.

Là encore, la Ligue a prévu et accepté le devoir qui s'impose à tout esprit éclairé, à l'heure où la nation désorientée cherche le terrain d'action de demain.

Depuis cent ans, en effet, l'*instruction* a conquis la plupart de ses grades, de ses droits, de ses prérogatives. Sauf quelques détails à revoir et corriger, l'ensemble exige moins ces laborieux efforts qu'il fallut dans un passé rude et semé d'obstacles. En s'attachant trop à ces détails, que les instituteurs, aujourd'hui expérimentés, peuvent d'ailleurs vérifier et rectifier eux-mêmes, on risquerait de ne pas prévoir un danger autrement pressant et grave, ce danger signalé par le dernier appel de la Ligue, et qui menace de faire sombrer le plus magnifique effort de ce siècle, s'il n'est sans retard secondé et fortifié par l'établissement de l'*Éducation*.

S'il reste encore quelques conscrits, en arrivant au corps, qui sachent à peine lire et écrire, la proportion en est si faible qu'elle est presque négligeable. Ceux-là apprendront, et, si ce n'est eux, leurs cadets cloront d'une façon définitive la liste de l'ignorance. Notre organisation scolaire est si forte que bien peu d'éléments rebelles à tout savoir peuvent glisser hors de son action bienfaisante. Le rôle des fonctionnaires de l'enseignement, pour cette partie : *Instruction*, ne consiste donc plus qu'à maintenir les progrès réalisés, et à les perfectionner au fur et à mesure des circonstances.

Il n'en est pas de même de la partie : *Éducation*, tout entière à constituer, et, nous le répétons, la Ligue a ouvert précisément les débats de la nouvelle institution à fonder.

C'est devant l'effroyable abîme tout à coup découvert sous la Société républicaine, qu'a surgi ce devoir impérieux.

L'abîme s'était creusé presque silencieusement, *tandis qu'on était occupé ailleurs*. En bas, la misère secouant toute patience, le sectarisme dressant son écueil dangereux, la révolte n'acceptant plus aucun atermoiement ; en haut, l'agio ruinant la richesse et la confiance publiques, l'ambition livrant souvent le pouvoir à des esprits médiocres, le mépris faisant l'aumône de quelque charité injurieuse au peuple mécontent : tels étaient les éléments destructeurs qui entretenaient le désordre social, et que la bonne volonté de ceux qui travaillent, de ceux qui luttent pour l'affranchissement matériel et intellectuel du pays, ne suffisait plus à refréner. Seule l'*Éducation* pouvait guérir ou supprimer le mal.

Telle est l'œuvre, œuvre de paix ou de guerre, selon que ses adversaires seront sages ou insensés, pour laquelle Jean Macé et ses collaborateurs avaient jeté le cri d'alarme et rédigé l'appel de mars 1894, et qu'ont prise en mains Léon Bourgeois et la Ligue de l'Enseignement, depuis la mort de son fondateur jusqu'au congrès de Bordeaux.

Ce congrès, le XV°, tenu les 26, 27, 28 et 29 septembre 1895, a mis en lumière un premier *plan d'éducation*. Pour le bien définir, il suffit d'énumérer les rapports qui y ont été présentés, sur :

Les *Bibliothèques populaires*, par M. Étienne Charavay ;

Les *Modèles de statuts pour les patronages scolaires*, par M. Fernand Faure ;

Les *Cantines scolaires*, par M. Albert Milhaud ;

La *Mutualité scolaire*, par M. Lévylier ;

La *Création des petites familles*, par M. Lefort ;

Les *Institutions d'apprentissage et de placement dans la démocratie*, par M. Charles Andler ;

Le *Patronage démocratique de la jeunesse française*, par M. Etienne Jacquin ;

La *Fréquentation scolaire*, par M. Léon Robelin ;

L'*Hygiène scolaire et la loi*, par M. le Dr Louis Lapicque ;

Les *Conférences*, par M. Charles Seignobos ;

Les *Jeux et promenades scolaires*, par M. Maurice Muret ;

Les *Moyens d'assurer la fréquentation scolaire*, par M. Jules Gauthier ;

L'*Organisation des exercices physiques*, par M. Désiré Séhé.

Ce Congrès, dont la portée considérable a été commentée et exprimée si largement par le discours de M. Léon Bourgeois (1), a montré aussi comment avait été rempli le programme de la Ligue.

---

(1) Ce discours, avec d'autres documents relatifs au Congrès de Bordeaux, se trouve dans l'ouvrage : L'*Éducation populaire*. (Documents officiels). — Paris, 1896.

Ce programme avait mentionné autrefois l'*organisation fédérative* de la Ligue de l'enseignement, et c'est par centaines qu'il faut compter aujourd'hui les associations, cercles et sociétés, de Paris et de province, qui sont en rapport constant avec le Conseil général et le Cercle parisien.

Il avait mentionné aussi les *librairies de campagne*, le *colportage ;* ceci est réalisé depuis longtemps. Je me souviens des années qui suivirent la guerre : dans les provinces de l'est, foncièrement républicaines, la lutte était vive ; les publications qui parvenaient là-bas, remplies d'écrits vigoureux, de dessins satiriques, de pamphlets et d'études, étaient reçues avec émotion, lues d'enthousiasme, discutées par l'agriculteur, l'ouvrier, le négociant, avec une ardeur intarissable, et cette instruction démocratique était propagée aux plus lointains hameaux, au foyer des plus modestes maisons ; ce sont des souvenirs ineffaçables, qui existent aussi pour toutes les autres régions, car partout le livre, la brochure, le journal, ont répandu alors leurs bienfaits.

Et les *Sociétés d'instruction de village*, qui doivent grouper ouvriers et paysans autour de l'instituteur ; les *Bibliothèques* et *Musées cantonaux* qui doivent faire de chaque chef-lieu du canton un centre d'intellectualité ; les *Conférences populai-*

res qui répandent l'idée et vulgarisent l'enseignement; les *Congrès régionaux* qui marquent les stations de l'œuvre d'ensemble, tout cet effort prodigieux atteignait son premier but, à la date de ce congrès de Bordeaux, et indiquait le but nouveau, l'aurore de cette **Éducation populaire** dont les patronages scolaires seraient la plus prochaine station.

Là encore, se sont achevées les études préliminaires, les luttes initiales qui, de siècle en siècle, et surtout depuis la Révolution, peinaient à nous donner un enseignement national.

Car maintenant, il faut le redire, c'est l'Œuvre d'Éducation qui réclame toutes les énergies, toutes les forces.

Il est heureux que, plus les difficultés surgissent et grandissent, plus les hommes associés pour les combattre rencontrent d'auxiliaires, et des plus hauts, des plus autorisés.

C'est ainsi qu'au Havre, en septembre dernier, les délégués de la Ligue au Congrès libre des Sociétés d'enseignement, présentés par M. Léon Bourgeois à M. Félix Faure, en ont reçu les plus parfaites marques de sympathie. Sur la prière du président de la Ligue, M. Félix Faure a accepté la présidence d'honneur de l'œuvre fondée par Jean Macé, acceptation consignée dans la lettre suivante adressée à M. Léon Bourgeois:

« Le Havre, 3 septembre 1895.

» Monsieur le Député,

» Par votre lettre du 30 août, vous avez demandé à M. le Président de la République d'accepter le titre de président d'honneur de la Ligue française de l'enseignement.

» M. le Président me charge d'avoir l'honneur de vous faire connaître que, bien qu'il se soit fait une règle d'écarter toute demande de cette nature, il accepte, exceptionnellement et en raison du très grand intérêt qui s'attache à l'œuvre que vous dirigez, la présidence d'honneur de la Ligue française de l'enseignement que vous avez bien voulu lui offrir.

» Veuillez agréer, Monsieur le Député, l'assurance de ma haute considération.

» Pour le général, secrétaire général, absent,

» Le Directeur du cabinet,
» LE GALL. »

Un autre événement heureux s'est produit pour la Ligue. Son président, M. Léon Bourgeois, appelé à former un cabinet, a pris le portefeuille de l'intérieur et la présidence du Conseil des ministres. C'est la consécration du magnifique effort supporté depuis trente ans par la Ligue de l'enseignement. Le Conseil général, et le comité du Cercle parisien, ont pris aussitôt l'initiative d'offrir un banquet à

M. Léon Bourgeois, et ce banquet, donné le 23 décembre 1895, est certainement un des plus beaux triomphes remportés par l'œuvre de l'enseignement populaire, depuis tant d'années qu'elle lutte et travaillé.

Le président du Conseil des Ministres, ce jour-là, a parlé dans le sens le plus élevé de l'action nécessaire, du programme sûr et bien défini qui peut et qui doit maintenir la paix du pays. Reprenant l'argument de ses discours de Nantes et de Bordeaux, et lui donnant toute son ampleur, il a montré la voie à suivre, la voie unique dont le terme est la prospérité de tous.

« Le véritable but de la République, a-t-il dit, doit être de rapprocher ceux qui sont en haut de ceux qui sont en bas. Il ne suffit pas à la démocratie française d'avoir proclamé l'égalité des ordres ; elle doit faire entrer cette égalité dans l'ordre des faits.

» L'homme ne doit pas se considérer comme un être isolé et ne penser qu'à lui-même. Il ne doit pas se borner à considérer si tous ses droits sont protégés, il doit se demander aussi s'il accomplit tous ses devoirs. Il est un être associé à l'ensemble de la société et il a à se préoccuper des intérêts et des droits de la collectivité. »

Puis, abordant la grave question du travail ;

« ... Dans le projet de budget que nous allons déposer, nous inscrivons le principe de l'assistance et de la prévoyance. Il n'est pas possible que dans une démocratie un être humain soit dépourvu des moyens de gagner son existence sans que la société tout entière lui vienne en aide.

» On a déjà fait beaucoup, mais on n'a touché qu'à des points isolés, et les assises n'ont pas été nettement fixées. Il y a encore des lacunes à combler, spécialement en ce qui concerne les vieillards et les infirmes.

» Je ne vous cite ces exemples que pour vous indiquer l'esprit qui doit nous guider.

» Il faut regarder en face le problème de l'assistance, et, afin qu'il soit moins lourd, résoudre d'abord le problème de la prévoyance qui doit en augmenter les effets et en diminuer les charges.

» Voilà les idées qui forment le programme de la Ligue de l'Enseignement, et voilà aussi les idées que le gouvernement doit s'efforcer de faire pénétrer dans cette grande école supérieure qu'on appelle le Parlement. »

Ces paroles, en même temps qu'elles montrent la Ligue de l'enseignement parvenue à l'honneur, après avoir été à la peine, ces paroles s'adressent aussi à tout ce que le pays renferme de sagesse

et de raison. Là est en effet le point ini-
tial de l'éducation à constituer. Dans ces
quelques phrases, dictées par des années
laborieuses consacrées à l'étude des meil-
leurs moyens d'assurer l'avenir du pays,
réside l'orientation même des devoirs de
chacun. Les troubles, les désordres, les
ruines seront évités si chacun, prenant
résolument en mains la fraction de travail à laquelle sa naissance le prédestine,
s'y emploie avec autant de modestie que
de courage et de décision. Il faut s'incli-
ner devant cette vérité consciente et nette
enseignée ce jour-là par le président du
Conseil; il faut l'accepter, non seulement comme un mot d'ordre général,
mais comme le premier article du pacte
social à préparer, et qui ne s'élèvera ni
sur l'humilité ni sur le sacrifice, mais sur
la force et la volonté, mises au service du
droit; il faut apporter chacun sa solu-
tion au problème de la prévoyance et de
l'assistance énoncé ce soir du 23 décembre. Ainsi s'accomplira l'Œuvre léguée
par Jean Macé et ses collaborateurs, et
continuée par Léon Bourgeois et la Ligue
de l'enseignement.

TABLE

Imprimerie LAFFAILLE
44, Rue de Bagneux. (Montrouge-Seine)

Documents manquants (pages, cahiers...)
NF Z 43-120-13